THALES THEMENHEFTE
DIE LESE-CLIPS
INFORMATION + UNTERHALTUNG

Gedichte für Kinder

Zum Vorlesen und Lachen

THALES VERLAG

THALES THEMENHEFT Nr. 66
Gedichte für Kinder – Zum Vorlesen und Lachen

Text: Günter Nehm
Illustration: Ralf Fütterer

ISBN 3-88908-566-0
© THALES Verlag, Essen

Gedruckt auf chlorfrei gebleichtem Papier

ENK 0008

Würstchen, Pizza, Limonade

Wohnte ich in Buxtehude,
kaufte ich 'ne Würstchenbude
mit 'nem Schild an dieser Bude:
„Würstchenbude Buxtehude".

Wäre ich ein Bürger Nizzas,
stellte ich mich um auf Pizzas
mit dem Hinweis: „Meine Pizzas
sind die besten Pizzas Nizzas!"

Jetzt betreibe ich in Stade
einen Stand für Limonade.
Nur das Schild an der Fassade
ist noch nicht ganz fertig, schade!

Ich armer Schlucker

Neulich hab ich mich verschluckt
bis hinunter zu den Zehen.
Ich hab ziemlich dumm geguckt,
denn ich war nicht mehr zu sehen.

Wie ein Blitz hat's mich durchzuckt,
als Gestalt und Umriß schwanden.
Dann hab ich mich ausgespuckt
und war wieder voll vorhanden.

Quark und Quatsch

Kunden kaufen kaum noch Kohlen.
Weiße Wolken wehn im Wind.
Brückenbauer brauchen Bohlen.
Käsekuchen kaut das Kind.

Listig lauern Luchs und Löwe.
Böse brummt ein brauner Bär.
Meeresmuscheln mag die Möwe.
Wenn doch warmes Wetter wär!

Manche mögen Mist und Matsch.
Quengler quasseln Quark und Quatsch.

Wenn zwei sich streiten

Es spricht die Schnecke zu dem Schneck
in einer grünen Hecke:
„Friß mir nicht alle Blätter weg,
sonst mach ich Dich zur Schnecke!"

Zur Schnecke sagt darauf der Schneck:
„Ich schmeiß Dich von der Hecke,
dann fliegst Du runter in den Dreck,
Du widerliche Schnecke!"

Das hört ein Spätzchen, klein und keck.
Es fliegt zu dem Verstecke
und bringt die Schnecke wie den Schneck
zum Frühstück um die Ecke.

Sind zwei sich gram um jeden Dreck
und dumm wie Schneck und Schnecke,
dann bringt ein dritter sie, oh Schreck,
mit Leichtigkeit zur Strecke.

Kleine Geisterkunde von A bis U

Fünf verschiedne Arten Geister
sind im Spuken große Meister
und im Licht des Mondenscheins
sehr aktiv von zwölf bis eins.

Jene aus dem Geisterreiche,
die so aussehn wie die Scheiche,
nur ein wenig ausgefranster,
sind GespAnster.

Andre weiße Spukgestalten,
die den Kopf im Arme halten,
schweben durch geschlossne Fenster,
sind GespEnster.

Solche, die gern Menschen necken,
mit Gespinsten jäh erschrecken,
in Gehölzen, Moor und Ginster,
sind GespInster.

Geister, die das Wasser meiden,
immerzu Grimassen schneiden
und so aussehn wie die Monster,
sind GespOnster.

Dann gibt's die, die an den Rändern
ständig ihre Form verändern.
Nebelwandler wie Verdunster
sind GespUnster.

So, nun bist Du unterrichtet.
Hast Du mal 'nen Geist gesichtet,
lach ihn an und wink ihm zu.
Grüß ihn freundlich mit: „Huhuuuh!"

Schleckermäulchen

Kuno, Kätchen, Klaus und Klärchen
essen gerne Gummibärchen,
die bekanntlich sehr gesund sind,
ganz besonders, wenn sie bunt sind.

Emma, Ella, Ernst und Ellen
lutschen lieber Karamellen,
die dann fest in allen Ritzen
ihrer kleinen Zähne sitzen.

Karoline und Karola
sind verrückt auf Coca-Cola.
Diese soll, wie beide sagen,
Balsam sein für ihren Magen.

Alles, was sie jetzt noch brauchen,
ist ein Stängelchen zum Rauchen,
weil man ohne Zweifel dann
sehr viel besser husten kann.

Kaum zu glauben

Ein Eisbär saß im Wüstensand
und ist dort fast erfroren.
Ein Zebra hat am Badestrand
sein Streifenkleid verloren.

Ein Wildschwein flog von Ast zu Ast
und fütterte die Jungen.
Ein Nashorn ist am Nordpol fast
zehn Meter hoch gesprungen.

Ein Hase schwamm nach Afrika,
den Grislybär zu jagen,
doch wurde er vor Sumatra
von einem Floh erschlagen.

Ein Winzer keltert ungeniert
den Wein ganz ohne Trauben.
Was heute in der Welt passiert,
ist wirklich kaum zu glauben.

Das arme Warzenschwein

Es war einmal ein Warzenschwein,
das wollte ohne Warzen sein,
drum nahm es einen Höllenstein
und rieb damit die Warzen ein.

Die Warzen wurden hierdurch klein
und gingen schließlich völlig ein.
Da hielt sich für besonders fein
das warzenlose Warzenschwein.

Ein Warzeneber wollte frein,
er war schon lang genug allein.
Das sollte länger nicht mehr sein,
drum suchte er ein Warzenschwein.

Er sah das warzenlose Schwein,
doch dieses schien ihm zu gemein.
Sein Schweinchen sollte nicht so fein,
doch dafür voller Warzen sein.

Das Warzenschwein sah plötzlich ein,
den Fehler mit dem Höllenstein.
Es weinte laut: „Ich armes Schwein
muß ewig ohne Warzen sein!"

Das hörte eine Fee ganz klein,
die sagte: „Dreimal mußt Du schrein:
‚Ich war das allerdümmste Schwein!'
Dann wirst Du voller Warzen sein."

Das Schweinchen fing gleich an zu schrein,
drauf stellten sich die Warzen ein.
Vergessen war bald alle Pein,
der Eber nahm das Warzenschwein.

Noch heute soll das Warzenschwein
bei Regen und bei Sonnenschein
mit vielen Warzenferkelein
und seinem Eber glücklich sein.

Drache und Ritter

Einst gab es am See einen Drachen,
um dort einen Schatz zu bewachen,
der konnte mit seinem Rachen,
begleitet von Donnern und Krachen,
ein furchtbares Feuer entfachen.
Da nahte ein Ritter im Nachen,
der sagte: „Ich töte den Drachen!"
Dann sah er dem Tier in den Rachen
und sagte mit einem schwachen,
ein wenig verlegenem Lachen:
„Das sind recht gefährliche Sachen,
die sollen doch andere machen!"

Knödelklauer Knudelhuber

Knudelhuber klaut gern Knödel,
die er kaut und gut verdaut.
Knudelhuber ist ein Blödel,
weil er immer Knödel klaut.

Knudelhuber ist kein Schlauer.
Neulich hat man ihn gefaßt,
und jetzt sitzt der Knödelklauer
quietschvergnügt im Knödelknast.

Muß zur Strafe Knödel kauen,
davon wird er dick und rund.
So was kommt vom Knödelklauen,
er wiegt fast schon tausend Pfund.

Weil man stündlich mit 'nem Zuber
voller Knödel zu ihm rennt,
alle Welt den Knudelhuber
jetzt den Knödelhuber nennt.

Knudelhuber, Knastinsasse,
frißt die Knödel bis er platzt
und man seine Knödelmasse
mühsam von den Wänden kratzt.

Überall herrscht große Trauer,
da, mit Knödeln gut vertraut,
niemals mehr der Knödelklauer
Knudelhuber Knödel kaut.

Purzelbäume schlägt man nicht

Der Sturm hat einen Baum entwurzelt,
und der ist davon umgepurzelt.
O weh!
Ja, das geschah am Waldessaum.
Jetzt liegt er da, der Purzelbaum,
im Schnee.

Ich will es mir nicht nehmen lassen,
ein wenig auf ihn aufzupassen.
Jawoll!
Denn Leute gibt's, man glaubt es kaum,
die schlagen einen Purzelbaum,
wie toll.

Mit denen geh ich ins Gericht,
denn Purzelbäume schlägt man nicht!

Reimverwandtschaft

Warum reimt sich Hand auf Sand?
Greif mal zu, Du kannst es fühlen:
Es macht Freude, mit der Hand
einfach so im Sand zu wühlen.

Warum reimt sich Fleiß auf Preis?
Das ist einfach zu erklären:
Weil die Preise ohne Fleiß
furchtbar schwer zu holen wären.

Warum reimt sich Last auf Rast?
Mir scheint diese Antwort richtig:
Trägt man eine schwere Last,
ist die Rast besonders wichtig.

Warum reimt sich Schmerz auf Herz?
Das ist gar nicht schwer zu sagen:
Weil der Kummer und der Schmerz
sich im Herzen niederschlagen.

Warum reimt sich Haus auf Maus?
Die Erklärung kann ich geben:
Weil in einem großen Haus
gerne kleine Mäuschen leben.

Warum reimt sich Po auf Klo?
Bei der Antwort muß ich passen.
Weißt Du sie, dann wär ich froh,
würdest Du's mich wissen lassen.

Gute Verbindung

Klingelton, Telefon:
„Hier ist Oklahoma.
Kleiner Mann, hör mich an,
hallo, hier spricht Oma."

Heissassa und trallalla,
Oma aus Amerika
ist mit Dir verbunden
für ein paar Sekunden.

„Geht's Euch gut, Dir und Ruth,
Vater und auch Mutter?"
„Danke ja, Omama,
alles ist in Butter."

Heissassa und trallalla,
Oma aus Amerika
ist mit mir verbunden
für ein paar Sekunden.

„Bleibt samt Hund kerngesund
und bei frohem Mute.
Gruß und Kuß, jetzt ist Schluß,
tschüs und alles Gute!"

Heissassa und trallalla,
Oma aus Amerika,
wir war'n heut verbunden
für ein paar Sekunden.

In der Tat, durch den Draht
flitzen unsre Worte,
pfeilgeschwind, wie der Wind
zu dem fernen Orte.

Heissassa und trallalla,
hört Ihr Leute fern und nah,
bleibt Euch alle Stunden
freundschaftlich verbunden.

Ein Männlein steht im Garten
(frei nach Hoffmann von Fallersleben)

Ein Männlein steht im Garten
ganz schief und krumm.
Es hat von lauter Lumpen
ein Mäntlein um.
Sag, wer mag das Männlein sein,
dort im Garten ganz allein
mit dem alten Lumpenmäntelein?

Das Männlein steht im Garten
und wirkt ganz irr.
Es hat auf seinem Haupte
ein Nachtgeschirr.
Sollte das 'ne Scheuche sein,
fragen sich die Vögelein,
darauf fallen wir bestimmt nicht rein.

Fisch am Haken

„Ich arme Seele", klagt die Makrele.
„Sie hängt am Haken", jammern die Kraken.
„Sie muß dran glauben", gurren die Tauben.
„Man wird sie töten", quaken die Kröten.
„Sie wird erstochen", brummen die Rochen.
„Ist das ein Kummer", schluchzen die Hummer.
„Es ist zum Heulen", weinen die Eulen.
„Man wird sie verspeisen", zwitschern die Meisen.
„Es ist zum Flennen", tucken die Hennen.
„Sie muß sich befreien", meinen die Schleien.
„Sie wird es nicht schaffen", fürchten die Affen.
„Sie muß es nur wollen", rufen die Schollen.
„Sie ist nicht so helle", sagt die Forelle.
„Du bist mir zu klein", murmelt der Hein,
„Du sollst nicht bluten, ab in die Fluten."
„Es gibt noch Wunder", jubelt die Flunder.

So Leute gibt's

„Der Frau Hagen ihre Blagen
liegen mir schon lang im Magen,
schrecklich, wie die sich betragen,
ohne Anstand, muß ich sagen.

Der Frau Sören ihre Gören
können mich erheblich stören.
Ständig muß ich mich empören,
weil die Gören so schlecht hören.

Der Frau Langen ihre Rangen,
die verbreiten Angst und Bangen,
sonst ist mit den falschen Schlangen
wirklich gar nichts anzufangen."

Täglich redet so Herr Schinder
und sein Eheweib nicht minder.
Leider, so was sieht ein Blinder,
haben *die* kein Herz für Kinder.

So ein Angeber

Es war einmal ein Känguruh,
das trug aus freien Stücken
seit seiner Jugend immerzu
den Beutel auf dem Rücken.

Dann sagte noch das dumme Vieh
mit hoch erhobner Nase
den andren Tieren der Prärie,
es sei der Osterhase.

Der Traum des Walfischs

Der große Walfisch, dick und fett,
hat weder Hals noch Hüfte.
Er träumt, daß er zwei Flügel hätt'
und flöge als ein Jumbojet
frei schwebend durch die Lüfte.

Weiß der Kuckuck

Warum dreht sich unsre Erde?
Warum sind Bananen krumm?
Warum wiehern alle Pferde?
Warum strahlt Plutonium?
Warum ist das Eis gefroren?
Warum sind die Fische stumm?
Warum werden wir geboren?
Weiß der Kuckuck nur, warum!

Warum liegen Kuckuckseier
nur in fremden Nestern rum?
Warum wendet sich Herr Meier
stets nach netten Mädchen um?
Warum ist der Weise weise?
Warum bin ich nur so dumm?
Warum spielt die Laute leise?
Weiß der Kuckuck nur, warum!

Ganz bestimmt wär ich gescheiter,
wenn ich auch ein Kuckuck wär.
Sicher brächte ich es weiter
und wär bald schon Millionär.
Doch das Spiel ging schon verloren,
als es eben erst begann,
weil ich, als ein Mensch geboren,
nie ein Kuckuck werden kann.

Stichelei

Ein Mückenstich ist nichts für mich,
er kann erbärmlich jucken.
Doch sieht man mich beim Bienenstich
nicht mit der Wimper zucken.

Ein Mückenstich ist nichts für mich,
dann lieber dreimal Bienenstich!

Lampenfieber

Mein Onkel, tätig am Theater,
ist als Beleuchter schlecht bezahlt,
doch sehr zufrieden, sagt mein Vater,
weil er bei seiner Arbeit strahlt.

Ich ging mal hin zur großen Pause.
Da sagten die Kulissenschieber,
der Onkel läge krank zu Hause,
er habe furchtbar Lampenfieber.

Kleiner Regenwurm

Wer ist es, der bei Wind und Sturm
im Garten mir begegnet?
Es ist ein kleiner Regenwurm,
der freut sich, daß es regnet.
Regenwurm, Du armer Wicht,
siehst die liebe Sonne nicht.

Beim allerersten Sonnenschein
mußt eilig Du verschwinden.
Du gräbst Dich in die Erde rein
und bist nicht mehr zu finden.
Regenwurm, Du armer Wicht,
siehst die liebe Sonne nicht.

Oh Regenwurm, oh Regenwurm,
Du fleißiger Geselle,
Du kriechst durch Regen, Wind und Sturm
und kommst kaum von der Stelle.
Regenwurm, Du armer Wicht,
siehst die liebe Sonne nicht.

Alles mit m

Moritz möchte Mäuse melken,
doch die Finger sind zu dick.
Moritz möchte Monster malen,
dazu hat er mehr Geschick.

Moritz möchte musizieren,
davon ist er ganz beseelt.
Moritz möchte Müsli mampfen,
geht nicht, weil der Löffel fehlt.

Moritz möchte manchmal meckern,
wenn ihm was zum Hals raushängt.
Moritz möchte manches machen,
wenn es nur mit m anfängt.

Nach dem Grund, kann ich nur sagen,
müßt Ihr ihn schon selber fragen.

Maus und Elefant

Es sprach die Maus zum Elefant:
„Wir sind ganz sicher artverwandt.
Hätt Rüssel ich und Elfenbein,
dann könnt ich glatt Dein Bruder sein."
Der Elefant sprach: „Das ist richtig,
doch dieser Unterschied ist wichtig.
Er dient dem Zweck, daß jedermann
uns beide unterscheiden kann."

Es sprach der Elefant zur Maus:
„Es schleicht der Kater um das Haus.
Ich hör schon sein Miauen,
und dem ist nicht zu trauen."
Da sprach die Maus mit frohem Sinn:
„Nur nicht den Mut verlieren!
Wenn ich in Deiner Nähe bin,
dann kann Dir nichts passieren."

Als einmal Maus und Elefant
zum Spielplatz kamen Hand in Hand,
da sprach die Maus: „Ich tippe,
Du möchtest sicher dann und wann,
das seh ich Deinen Augen an,
mit mir mal auf die Wippe."
Der Elefant hat sich geziert
und sprach nach langem Drängen:
„Wie schnell hast Du mich angeschmiert
und läßt mich oben hängen."

Es trat der Elefant beim Tanz
dem kleinen Mäuschen auf den Schwanz.
Das Mäuschen fand das gar nicht gut
und sagte: „Laß die dummen Sachen,
sonst werde ich das auch mal machen,
dann merkst Du mal, wie weh das tut!"

Es lud dereinst die kleine Maus
den Elefant zu sich nach Haus
zu einem Mittagessen ein
und sagte: „Hau mal kräftig rein!
Heut Mittag kommt es darauf an,
wer von uns mehr verdrücken kann."

Bei einer Wanderung durchs Land
sprach einst zur Maus der Elefant:
„Du hast Dich gut geschlagen.
Doch da Du jetzt sehr müde bist
und außerdem nicht prüde bist,
steig auf und laß Dich tragen."
Das Mäuschen stimmte freudig zu:
„Gern gönn ich mir ein Stündchen Ruh,
doch will ich mich nicht drücken,
denn wenn die Frist verstrichen ist
und Du vom Tragen müde bist,
steigst Du auf meinen Rücken."

Vielfach verwendbar

Meine gute Tante Konny
kennt man in der ganzen Stadt,
weil sie unter ihrem Pony
eine kleine Meise hat.

Tante Konny kann recht bieder,
gradezu bescheiden sein,
dennoch kauft sie immer wieder
Klopapier in Massen ein.

Das dient ihr zu vielen Zwecken,
und es fällt ihr gar nicht schwer,
immer neue zu entdecken.
Der Verbrauch steigt mehr und mehr.

Über allen Spott erhaben
und den Ruf, sie sei beknackt,
werden alle Weihnachtsgaben
nur in Klopapier verpackt.

Briefe schreibt sie jede Menge
nach der üblichen Manier
in bewundernswerter Länge
immer nur auf Klopapier.

Um von Husten zu gesunden,
helfen ihr Bonbons aus Malz
und, von Klopapier gebunden,
warme Wickel um den Hals.

Tante Konny kommt im Leben
niemals in Verpackungsnot.
Klopapier bewährt sich eben
für Paket und Butterbrot.

Nur im Klo hat sie seit Jahren,
was ein wenig mich verdrießt,
um an Klopapier zu sparen,
Zeitungsblätter aufgespießt.

Tantchen ist nicht für Verschwendung,
drum erklärt sie frank und frei,
daß für solcherlei Verwendung
Klopapier zu schade sei.

Keine gute Idee

„Du, Frederik", flüstert der Kreisel Brumm
zur mitternächtlichen Stunde,
„Du liegst ja noch wach im Bett herum,
auch ich kann nicht schlafen, drum,
Frederik, kumm
und dreh mit mir noch 'ne Runde."

Ganz schaurig ertönen zur Mitternacht
des Brummkreisels dröhnende Stufen.
Die Mutter ist schreckensbleich aufgewacht,
sie hat dabei gleich an Gespenster gedacht
und laut um Hilfe gerufen.

„Du, Frederik", flüstert der Kreisel Brumm,
„ich glaube, da ging was daneben.
Es ist wohl besser, wir bleiben jetzt stumm,
wir mucksen uns nicht und stellen uns dumm,
sonst wird es noch Ärger geben."

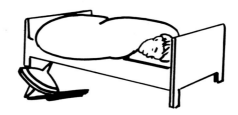

Keine Ahnung von Tuten und Blasen

Das Nashorn traf das Dromedar
und sprach zu ihm: „Ich trage zwar
ein Horn auf meiner Nase.
Doch frage ich mich, was das bringt,
solange es mir nicht gelingt,
daß ich mal darauf blase."

Abzählreime

Die Ampel steht auf Rot.
Bleib stehn, heißt das Gebot!
Du mußt noch etwas warten.
Wenn Grün kommt, kannst Du starten.
Die Autos bleiben stehn,
und Du kannst gehn.

Enne, menne, meck,
Dein Hals ist voller Dreck.
Du stinkst an Deinen Füßen.
Die Läuse lassen grüßen.
Dein Anblick ist ein Graus,
und Du fliegst raus.

Krokodilstränen

Das Krokodil, das Krokodil,
das allertraurigste Reptil,
weint dicke Kullertränen.
Es liegt im Wasser träg und faul
und hat ein schrecklich großes Maul
mit furchtbar scharfen Zähnen.

Das Krikodol, das Krikodol,
fühlt sich in seiner Haut nicht wohl.
Statt auf sein Glück zu schielen,
weint es verzweifelt vor sich hin
und sucht nach seines Lebens Sinn.
Kein Mensch will mit ihm spielen.

O, wähl Dir dieses Krokodil
aus lauter Mitleid nicht zum Spiel,
und geh nicht mit ihm baden.
Bewahre Dich vor einem Schock.
Ein Bad mit einem Dilokrok
kann der Gesundheit schaden.

Bad am Samstag Abend

Walter, Rita, Fred und Hanne
hocken ohne Zank und Zwist
allesamt in einer Wanne,
weil doch heute Samstag ist.

Mutter wäscht die kleinen Strolche,
und das kostet etwas Zeit,
doch die Mutter nimmt sich solche,
denn sie ist für Reinlichkeit.

Während sie sich mit acht Beinen
und vier Pötern redlich quält,
werden von den lieben Kleinen
Weihnachtswünsche aufgezählt.

Hanne wünscht sich was zum Malen,
Stifte, Farben, Buntpapier.
Fred erlitte Höllenqualen,
kriegte er kein Kuscheltier.

Für die Rita wär nichts toller,
als 'ne kleine Eisenbahn,
auch ein luftbereifter Roller
hat's dem Mädchen angetan.

Nur der Walter schaut verdrießlich,
sagt nicht den geringsten Ton,
darum fragt die Mutter schließlich:
„Was wünschst Du Dir denn, mein Sohn?"

„Das kann jeder gern erfahren,
der mir diese Frage stellt.
Als ein Junge von acht Jahren
brauch ich erstmal Taschengeld.

Außerdem", so sagt der Walter,
„melde ich den Anspruch an,
daß ich mich in meinem Alter
schon alleine waschen kann.

Dann hab ich den Hoffnungsschimmer
und den großen Wunsch zum Schluß,
daß ich nicht beim Baden immer
auf dem Stöpsel sitzen muß."

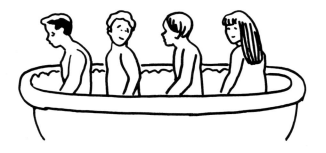

Dackelfreuden

Richtig lustig ist's bei Dackeln,
wenn sie mit den Schwänzchen wackeln.
Dadurch wirken sie sehr munter,
hängen auch die Ohren runter.

Komisch wär jedoch bei Dackeln,
jede Art von Ohrenwackeln.
Traurig wär vor allen Dingen,
wenn die Schwänzchen runterhingen.

Eins hab ich voraus den Dackeln:
Ich kann mit den Ohren wackeln!

Belauschte Vogelwelt

Es beschreibt im Flug die Taube
eine elegante Schraube.
„Welch ein Zauber", spricht der Tauber,
„ich muß sagen: Sauber, sauber!"

Nicht grad leise singt die Meise
fröhlich ihre Frühlingsweise.
„Sing doch leiser", sagt der Meiser,
„nachher bist Du wieder heiser."

„Mama", sagt der kleine Sittich,
„nimm mich unter Deinen Fittich,
nimm mich unter Dein Gefieder,
es wird kalt, ich frier' schon wieder."

Ein komischer Sack

Wißt ihr, was ein Reissack ist?
Klar, ein Sack voll Reis.
Wißt ihr, was ein Maissack ist?
Ja, ein Sack voll Mais.

Was ist denn ein Nudelsack?
Nun, ein Sack voll Nudeln.
Folglich ist ein Dudelsack
auch ein Sack voll Dudeln.

Kinder, sagt mir ganz geschwind:
Wißt Ihr denn, was Dudeln sind?

Ein Name verpflichtet

Mit einem Surfbrett ausgerüstet,
hat sich am Strande von Bahrain
ein kleiner Sittich stolz gebrüstet,
ein Surfer von Format zu sein.

Nicht nur allein, um fit zu bleiben,
begab der Knirps sich in Gefahr.
Er wollte diesen Sport betreiben,
weil er ein Wellensittich war.

Meister Gropel

Meister Gropel sitzt im Opel
mitten im Berufsverkehr,
in der Nase einen Popel,
und der Popel stört ihn sehr.

Meister Gropel sitzt im Opel,
schaut sich nicht genügend um.
An dem Finger klebt der Popel,
und da macht es plötzlich: „Bumm!"

Stark verbeult sind nun zwei Opel.
Ziemlich groß war die Gefahr.
Schuld daran war nur der Popel.
Ob das wirklich nötig war?

Ein verrücktes Haus

Ich kenne ein verrücktes Haus,
von welchem glaubhaft man beteuert,
nur Irre gingen ein und aus,
sogar der Boden sei bescheuert.

Und Teppiche fast überall!
Die legen, so was hört man selten,
viel Wert darauf, in jedem Fall
als rundherum bekloppt zu gelten.

Der kleinste Nagel in der Wand,
wirkt hier schon irgendwie belämmert.
Klar liegt die Lösung auf der Hand.
Er ist im Kopf total behämmert.

Die Musik spielt ganz ohne Takt
und gibt am liebsten sich verschwiegen.
Es sind die Nüsse ganz beknackt,
die dort in einer Schale liegen.

Normal ist nur im ganzen Haus
der Spiegel, wie die Leute sagen.
Er zeichnet sich durch Klugheit aus,
denn er ist kolossal beschlagen.

Babyfütterung

Babylein muß tüchtig essen.
Babylein kriegt leckren Brei,
ist auf's Essen ganz versessen,
wird auch groß und stark dabei.

Einen Löffel für den Papi.
Einen Löffel auch für Ma,
einen Löffel Happi-Happi
für den lieben Großpapa.

Babylein kriegt leckres Essen,
kriegt Spinat aus gutem Grund,
denn man sollte nie vergessen:
Dieser ist ja sooo gesund.

Auch die andren sollen leben,
Baby schreitet drum zur Tat.
Um ein wenig abzugeben,
prustet's kräftig mit Spinat.

Stolz ist Opa auf den Enkel,
der so prächtig blasen kann.
Alles ist voll grüner Sprenkel:
Mama, Puppe, Hampelmann.

Babychen muß herzlich lachen,
findet immer einen Grund,
sich den größten Spaß zu machen.
Lachen ist ja sooo gesund!

Immer propper

I, wie kann man nur so stinken?
O, das duftet hier nicht toll?
Schau, wie Babys Augen blinken,
Baby hat die Hose voll.

Pinkeln, Pupsen, Häufchenmachen
strengen an ganz fürchterlich.
Babylein kann wieder lachen,
hat das alles hinter sich.

Baby möchte sich befreien
von Gekäckel und Gestank.
Baby weiß: Man muß nur schreien,
schon macht man den Popo blank.

Papa kommt flink angelaufen,
Mama steht schon in der Tür.
Baby duldet keinen Haufen,
hat ja Personal dafür!

Gestörte Nachtruhe

Baby findet keinen Schlummer,
Mitternacht zeigt schon die Uhr.
Babychen hat großen Kummer,
schreit und weint in einer Tour.

Mama kann das nicht verstehen.
Babychen ist kerngesund
und mit allem wohl versehen,
hat zum Quengeln keinen Grund.

Als sie neu die Windeln bindet,
ihrem Schatz ins Höschen schaut,
staunt sie, weil sie endlich findet,
was den Weg zum Schlaf verbaut.

Auf Klein-Babys Hinterbacken
hat der Beißring sich verirrt,
und der kann sehr schmerzlich zwacken,
bis er weggenommen wird.

Schnell verflogen ist der Kummer,
frei von Schmerzen ist der Po.
Baby liegt in süßem Schlummer
und die Mama ebenso.

Rudi, der Nichtschwimmer

Der kleine Rudi meint beklommen:
„Wär ich als Fisch zur Welt gekommen,
dann wär ich nicht so'n Zappelmann,
der immer noch nicht schwimmen kann."

Drauf sagt sein Freund: „Vor dem Ersaufen
wärst Du dann sicher, doch das Laufen,
von Dir bestimmt ganz heiß begehrt,
wär Dir für alle Zeit verwehrt.

Aus Dir wird sicher noch ein Schwimmer.
Bei etwas Übung klappt das immer.
Doch äußerst fraglich ist, ob man
als Fisch das Laufen lernen kann."

Anregung zum Dichten

Kinder, wollt Ihr selbst mal dichten?
Keiner muß darauf verzichten,
wenn der Inhalt nur egal ist,
was inzwischen ganz normal ist.

Laßt uns das einmal versuchen:
Lecker schmeckt der Pflaumenkuchen.
Gustav zieht an Lisas Zöpfen.
Kalle wirft mit Blumentöpfen.

Nimm den Finger aus der Nase.
Morgen kommt der Osterhase.
Du kriegst einen auf den Hut.
Übermut tut selten gut.

Dieses Spiel, es ist zum Lachen,
kann man auch mit Wörtern machen:
Badewanne, Thermometer,
große Klappe, Leisetreter,

Sofakissen, Felsenklippe,
Telefon und Quasselstrippe,
Morgenrot und Abendstille,
dicker Hintern, Lokusbrille,

Limonade, Seifenlauge,
Marmelade, Hühnerauge,
Hitze, Kälte, Wind und Sturm,
Elefant und Regenwurm.

Reimen ohne Schwierigkeiten
wird Dir großen Spaß bereiten,
und Du merkst nach kurzer Frist,
daß Du fast ein Dichter bist.

Unangenehmer Zeitgenosse

Ich kenne einen Mann in Xanten,
der macht aus Mücken Elefanten
und jede Nacht macht er zum Tag.
Er macht den Scheeball zur Lawine
den Mandarin zur Mandarine
und jeden Furz zum Donnerschlag.
Wenn Du ihn triffst, dann gib fein acht,
daß er Dich nicht zur Minna macht.

Mein Hampelmann

Mein Hampelmann ist gut im Hampeln.
Er kann sogar zur gleichen Zeit
mit Armen und mit Beinen strampeln,
zeigt nie 'ne Spur von Müdigkeit.

Seit gestern ist das nun vorbei.
Mein Hausarzt sagte als Berater:
„Kein Wunder bei der Hampelei,
der arme Kerl hat Muskelkater!"

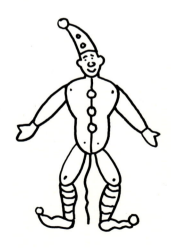